달을 끌고 가는 사내

리토피아포에지 · 48
달을 끌고 가는 사내

인쇄 2016. 9. 5 발행 2016. 9. 10
지은이 허문태 펴낸이 정기옥
펴낸곳 리토피아
출판등록 2006. 6. 15. 제2006-12호
주소 402-814 인천 남구 경인로 77(숭의3동 120-1)
전화 032-883-5356 전송032-891-5356
홈페이지 www.litopia21.com 전자우편 litopia@hanmail.net

ISBN-978-89-6412-068-2 03810

값 9,000원

이 도서의 국립중앙도서관 출판예정도서목록(CIP)은 서지정보유통지원시스템 홈페이지(http://seoji.nl.go.kr)와 국가자료공동목록시스템(http://www.nl.go.kr/kolisnet)에서 이용하실 수 있습니다.(CIP제어번호 : CIP2016020573)

허문태 시집

달을 끌고 가는 사내

문학과 유토피아
LITERATURE & UTOPIA

시인의 말

뒤란에 고욤나무 한 그루 자랐다.
감나무가 되었다.
감꽃 같은 세상인 줄 알았는데
떫은 감이 열렸다.
떫은 것은 집요하게 폐쇄적이어서
몇 개의 땡감이 떨어졌다.
짙푸른 감이 팽팽하게 떫어졌을 때
얼핏,
떫은 것을 보았다.
떫다고 할 때 떫었다.

감들이 하나, 둘 등불을 켠다.

2016년 여름
허문태

차례

제1부 들풀

제2부 찔레꽃

제3부 아라뱃길에서

제4부 달을 끌고 가는 사내

| 제1부 |

들풀

들풀

눈을 뜨면 푸른 유니폼으로 갈아입는다.
망설임도 없이 지평선 끝을 향해 간다.
물의 보폭이 경전이다.
가까이에서 보고 있으면 항상 제자리에 있지만
멀리서 보면 벌써 언덕을 넘어 저 만큼 가고 있다.
바람 속을 두런두런 이야기하며 간다.
양 떼들과 함께 걷기도 한다.
그린벨트 성역은 없다고
포클레인 몰려와 빌딩 숲을 만들면
언제나 그랬듯이 그냥 돌아서 간다.
자신을 깔고 눕는 자에게는 하늘을 보여준다.
가끔은 들불이 되어 가던 길을 멈추고 빛이 될 때도 있다.
언제 어디서나 눈을 뜨면 망설임도 없이 간다.
메마른 땅을 촉촉이 적시며
하늘이 맞닿은 지평선 끝까지

잔설

대섬 외진 뒤쪽에 언뜻
낮달이 흐른다.

서글한 눈매에
성긴 백발
어머니는 여전히 무고하시다.

저녁 시린 어스름
포구의 이마에
닻을 내린다.

얼어붙은 북극성
그 외로운 천 년 고도까지
심지를 돋우고

가물가물 호롱불이
돌아오는 시간
〉

대섬이

잠시 기우뚱 흔들린다.

물거품이

혼백처럼 하얗게 부서진다.

이 아침에

눈을 뜨니 그들이 먼저 와 있다.
아파트 창가에 몸을 낮춘 베고니아
꽃들은 자기 안에 남은 어둠을 마저
털어내고 있다.

뒷머리가 깐쫑한 물새 몇 마리
간밤 알 수 없는 산야에서 빛을 모아
다시 여민 영혼의 강 한가운데
포로롱 날아오른다.

이 봄의 문턱까지 흐트러짐 없이 걸어온 시계들
이제 막
옹알이를 시작한 첫애의 눈빛처럼
초침소리가 맑게 울린다.

자작나무의 먼 숲을 그린다.
들녘이,
산맥이 달려오고

또 한 도시가 서서히 일어서고

오늘은 그대 초연히 풀린 강을 건너고 싶다.
그 강가에 낮게 몸 부비는 풀잎들이
안개 속에서
닻 올리는 소리

이제 베고니아의 윤기 진 이파리에 아침햇살이
둥글게 굴러 내린다.

새우

9월 초승달이
알곡처럼 속살이 여물 때쯤
휜 허리 마디마디
외할머니는 괴질을 앓는다.

그 황혼 한 자락에 손을 넣으면
내장이 비쳐드는 아린 알몸에
오한처럼 서걱이는
한 줌 소금기

높새는 밤새 처마 끝에 울고
그 청상의 아련한 불빛 사이
톡톡 튀어 오르는
어린 손자들의 은빛
비늘들

한평생 촉촉이 베틀에 앉아
한없이 부드럽고

깨끗한 천을 짜는 그 눈의
긴 촉수

한갓 목숨쯤이야
있는 듯 없는 듯
뜰 아래 흰 고무신 한 켤레

새벽녘까지 허옇게 모시를 삼다
뾜테 고운 돋보기를 벗어놓고
윤기 좌르르
이때 한 번 외할머니는 허리를 펴신다.

포클레인

모든 무너지는 것에는 사이렌 소리가 난다 허리 부분이 앙상히 잘린 도로 확장 공사장 빈 터, 달빛이 은은히 떨어지고 있다 벽돌들의 잔해 속에서 월셋방 벽보가 지느러미를 파닥인다 그 수없이 드나들던 산동네 골목길, 다시 언뜻 가겟집의 백열등이 눈앞에 흔들리다 사라진다

아직도 나팔꽃은 낮은 담장을 기어오른다

거기 통장네 집 손바닥만 한 창문 앞까지, 거인처럼 포클레인이 무기질의 근육을 완강히 감추고 눌러 서 있다 외등 둘레로 왁자지껄 한파가 깔린다 귀 기울이면, 나팔꽃 속에서 아이들의 재잘거리는 소리가 들린다 그들은 지금쯤 어느 강을 건너고 있을까

퍼런 집념의 삽날들 사이로 물고기의 비늘처럼 달빛이 떨어진다 사랑한다고, 사랑한다고, 하면서 나는 또 소박한 가슴들을 얼마나 무너뜨렸는가 무너지는 것에는 사이렌 소리가 울린다 어쩌면 차라리 그것이 힘인지도 모른다 신호등에 걸려 있는 저 천진한 눈빛들

반달

콩알 반쪽 같은 몸뚱이로
가파른 능선을 넘고 있었다.

술이 하 취해서
딱 한 번 넘어졌다.

달은
혼자서 제 그림자를 지우고 있었다.
엉덩이를 털고 다시 일어서는 산

공연히 서러웠다.

마음은 이미
큰 우물집 토담 위를 기웃거리고 있었다.

저 소나무

공룡능선 벼랑 끝에 선다.
바람은 말이 없고 바위는 아득하다.

설악은 이미 식솔이 많아 길을 멈추고
철따라 궁둥이만 들썩인다.

동해는 도착입니까? 출발입니까?

산중에 달이 요요한 날은
어디선가,
잠 못 이루는 산짐승이 밤새 크륵크륵 운다.

바위 속에서 한 줄기 이는 바람.

저 소나무
기괴하게 비틀어 올린 가지가
기교인 줄 알았더니
파도였구나.

〉

바늘처럼 뾰족한 잎이 밖으로만 향한 줄 알았더니
안으로 굽이치는
푸른 물결이었구나.

이미 동해였구나.

오후엔 갯벌을 생각한다

이제 바람만 남아서 쓸쓸히 울고 있다.
무창포의 하루하루에 안개가 짙어
그 처절한 흐름은 보이지 않는다.
챙이 긴 모자를 눌러쓰고
질펀히 드러눕는 갯벌

한 망태기 촘촘히 비린 날들을
주워 담다 말고
명치끝을 움켜쥐며
허옇게 타들어 가는 어머니의
배앓이

그런 날이면 갈대밭을 지나서
소스라치게 밝은 달이
한 움큼
아린 갯내음을 게워내고 있다.

갯지렁이는 진흙 속에서만 숨어 산다.

그 아득한 시간의 깊이로
층층이 먼 바다의 소리를 듣는
고만고만한 생존들

따가운 햇볕 아래 혼자서
흰 집게발을 움직여
심심히 아픈
그 유년의 탑을 쌓던 게 한 마리

문득 눈을 들면 어머니는 어느새 저만큼
싸한 봄빛 속으로 멀어지고
어리석음처럼 푸른 수평선이
그 거뭇한 얼굴에 섬뜩 그어지고 있다.

새싹

인사불성이 되도록
술을 마시는 일이 없도록 하겠습니다.

덜렁 대답하고 후회하는
호기를 부리지 않기로 하겠습니다.

무슨 일이 있어도 이 번 만큼은
떫은 가슴에 등불을 밝히겠습니다.

옹이 듬성듬성 박힌 감나무
부동자세로 또박또박 선서를 한다.

서리꽃

물안개로 남겠다고 할 때
그냥 돌아 섰어야 했다.
가끔 생각나면 새벽 강가를 홀로 걷기나 할 걸

몸만 데우면 어디서나 피어나는 인정이
이 계절을 역행하는 것이라며
손을 잡아끌지는 말았어야 했다.

조금만 기다려 달라는 말이
조금만 참아 달라는 말밖에 할 수 없었던 것이
촘촘히 사금파리로 남아 있을 줄이야

깊은 밤
돌아누운 달을 가만히 들여다보고 있으면
쉬지 않고 흐르는 물소리가 들린다.
그 속에서 삭은 돌 하나를 애타게 굴리면서

왜소해진 어깨가 들썩일 때마다
무수히 박힌 사금파리가 시리게 반짝인다.

모래알

아무리 작아도 바위의 가문이다.
단단한 가풍의 모나지 않은 옹고집
마침내 흰 곡선을 품고 먼 먼 해변의 끝에 서면

바다는 찰싹찰싹 모래알을 굴린다.
파도를 넣고, 달빛을 넣고, 바람도 넣고

깃든다는 것은 아픔이다.
맑게 깃들 수 있다는 것은 그리움으로 끝날 때가 많다.

아무리 봐도 똑같은데
아무리 봐도 똑같은 것이 없을 때까지
바다는 쉬지 않고 모래알을 굴린다.

끝없는 해변에서
애끓는 어머니의 체온을 파고드는

〉

깨어나고 싶어서

수평선 끝을 잡고 뒤척이는 맑은 어둠들.

속리산俗離山

저 점점이 뜨는
산새들도
조롱 속에 갇힌 적이 있을까.

애증은 또다시 지상의 아침을 연다.
길들은 아직 침묵 중이고
자욱한 안개를 헤치며 산을 오른다.

오리 숲을 지나고
개울을 건너자
어디서 승방僧房의 독경 소리가 맑게 울린다.

고사목 사이로 돋아나는 달빛의
울음 같은
여인의 속살 같은

천왕봉의 구름은 아직도 아득하다.
잠시 가을의 잔등에 앉아 안경을 닦는다.

몇 점 서늘히 잦아드는 적막
다시 문득 이별한 여자를 생각한다.

내가 진정 떠나온 곳은 어디인가
빈 골짜기를 돌아오는
종소리

올라도 올라도
속세를 떠난 것은
구름밖에 없구나.
해는 벌써 한낮으로 설핏 기운다.

봄

이른 아침 정원의
꽃대를 타고
오페라의 서곡이 흐른다.

깨끗한,
순례자들은 언제 이 땅을 지나가는가.

찻잔 속의 서먹한 얼굴들

가족사진 앞에서
잠시 뼈가 시리다.

종을 닦고
다시 안개 속에 몸을 푸는 강
하얀 차돌이 층층이 떠오른다.

지금 오페라는 한창 클라이맥스를 넘나든다.

공백기

꽃에게 꽃잎은 위장이다.

꽃잎이 피어나고 꽃잎이 지는 동안
꽃은 깊은 어둠 속에 든다.

가장 화사할 때가 가장 위태로와서

버들개지를 피운 실개천도
다시 박수를 받기 위해
폭포에 선다.

어둠의 끝에서는 빛 아닌 것이 없다.

까만 행성 하나
툭!
궤두에 진입한다.

행성의 주기는 다 다르지만
미아가 되는 경우도 많다.

감

떫다는 것은 싫다는 것이고, 인정할 수 없다는 것이고, 마음에 안 든다는 것이고, 인상을 쓸 수 있다는 것이고, 함께 할 수 없다는 것이고, 불만이 많다는 것이고, 건드리면 가만있지 않겠다는 것이고, 그래서 외톨이일 수 있다는 것이고, 아집 덩어리일 수 있다는 것이고, 외로울 수 있다는 것이고, 문득 슬플 수도 있다는 것이고, 그러므로 함께 있어주고 싶고, 더 생각이 나는 것이고, 더 잊을 수 없는 것이고, 더 잘되기를 바라는 것이고, 더 오랫동안 기다려 줄 수 있다는 것이고, 결국은 달콤해진다는 것이다.

초승달

첫 수업이다.
칠판에 물음표를 그리다 말고
마무리도 않은 채 백묵을 내려놓는다.
깜깜 오리무중 학생들
칼이라고 하는가 하면, 꽃잎이라고 하기도 하고,
손이라고도 하고, 뿔이라고 하기도 하고
무언가 말할 듯 말 듯
첫 수업이라며 일찍 끝낸다.
내일부터는 조금씩 수업시간이 길어질 거라 한다.
바람 같은 것일까?
물길 같은 것일까?
서서히 갇혀가는 것일까?
한꺼번에 다 보여줄 수 없는 것은
아직 수 천 번의 기회가 더 남아 있어서란다.
어머니의 눈물 속에는 둥근 마음이 환하기 때문이란다.
설렌다.

동명아파트 907호, 일출

주문진에서 바다를 오랫동안 보고 있다.
뭐가 보여?

보고 있어도 보이지 않는 것이 있지
구체적이기 위해 현미경으로 보고 있으면
그 너머 세상이 또 궁금해지지

바다를 바라보며
모차르트나 라흐마니노프를 듣는 것은 취향일 뿐이지
어시장 상인들이 생선의 배를 가르고 토막을 내다, 잠시
믹스 커피 한 잔 달달하게 마시는 것처럼

잠시 멈추어 있는 바람 한 칸
한때는 파도였고
한때는 방파제였을

하루하루 텀벙거리며 사는 사람이나
문득 발길을 멈추고 제 어둠 속을 보고 있는 사람이나

아직은 미명未明이다.

어느 곳에 서 있어도
어느 각도에서 바라봐도 바라보는 곳은 다 바다다.
태양은 오늘도 바다 너머에서 떠오른다.
나도 누군가의 바다라면
환한 세상은 언제나 나 너머에 있다.

한 때 광명호 선원이 살았던 동명아파트 907호
동남쪽으로 향한 창문 너머
새벽 출항하는 어선 한 척 환하게 물살을 가른다.

강

누가 먹고 버린 통닭 뼈다귀에서
까만 강이 흐른다.

태고로부터 강은 수치스럽다.
뱀처럼 땅바닥을 교활하게 긴다.
산을 만나면 돌아가고
지독한 겨울을 만나면 멈춘다.
사막을 만나면 도망치고
치욕의 한가운데를 무심히 흐른다.

푸른 별의 창자

내 몸에 창자가 있다 것을
무단가출하고 삼일 째 되던 날, 그리고
호박꽃이 깊고 둥근 밥그릇으로 보일 때 알았다.
구불구불 수치스런 칭송을 껴안고 흐르는
치욕이 온기가 되는 지난한 몸짓을 보았다.
〉

하짓날 가정공원
누가 먹고 버린 통닭 뼈다귀
티끌 같은 개미들이 까맣게 들러붙었다.
강이 발원하여 흐르고 있다.

무료급식 행렬이 길다.

고사목

다 생략하고
어려운 상징만 남았다.

바람이 햇살의 방향으로 분다.
성큼 다가오는 먼 산

수 만 가지 아니다.
하나다.
죽을 때까지 사는 것이 아니다.
죽어야 사는 것이다.

하늘로 향한 가지 끝에
아침 햇살 반짝 빛난다.

| 제2부 |

찔레꽃

어느 대평원에서

어쩌면 이리도 아무 생각이 없는 걸까?
내가 출발한 곳이 산인지 들인지
길을 따라 왔는지, 강을 따라 흘러 왔는지
음악은 아다지오였는지, 알레그로였는지
자꾸만 기억이 사라져 간다.
흰구름 뭉게뭉게 끝없이 아득한 푸른빛이
하늘바람 산들산들 돛을 펄럭이며 가는 붉은 마을이
어쩌면 이리도 평안하고 설레일까?
더는 흘러갈 곳도 돌아갈 곳도 없다.
멀리까지 흘러 왔다.
참 멀리까지 흘러 왔다.
이따금 서로 맞서던 저 산맥도
어느새 여기까지 흘러 왔구나.
가만히 바다에 안긴다.

찔레꽃

그때,
엄마가 막내를 낳으셨을 때

동네 꼬맹이들과
개울가로, 언덕으로 몰려다니며 놀았지

시간 가는 줄도 모르고 마냥 놀았지
놀다가 지치면

까르르, 까르르 웃었지
하얀 이가 환하게 웃었지

허기를 잊으려고
까르르, 까르르 웃었지

측백나무 길

다시 또 기차를 놓쳤다.
먼 곳을 보다가,
발이 채인 자리.
돌의 긴 터널을 홀로 가는 밤
손들이 얼굴들이
파도는 작은 바람에도 담장을 넘나든다.

그대 천 개의 눈이여.

다시 홍골못*에서

벌거벗고 멱을 감을 때 뭉게구름도 미루나무도 산봉우리도 함께 멱을 감았다. 아직도 홍골못을 잊지 못하고 사는 것을 보면 홍골못을 떠난 것이 아니었다. 쫓겨났거나, 어디론가 끌려갔다. 끌려갔거나 쫓겨난 것들이 다 그렇듯이 무엇 하나 가슴 깊이 간직하고 있어야 산다. 고향처럼, 깃발처럼, 성역처럼, 어쩌면 그것에 갇히는 줄도 모르면서

둑을 넘는 방법은 스며들거나, 넘치거나, 두 가지 뿐이라 하지만 터득하지는 못했다. 오랫동안 간직한 홍골못을 들여다보고 있다. 굉음을 내며 달렸던 폐타이어 흉물스럽게 놓여 있고, 닿기만 하면 베어질 것 같은 유리조각 촘촘히 서 있다. 시커먼 바닥은 지독한 악취를 풍기며 부글부글 끓고 있다.

폭우가 쏟아진다. 폭포처럼 쏟아진다. 갇혔던 물이 둑을 넘는다. 성벽 같은 둑이 터졌다. 순간 시퍼렇게 넘실거리던 홍골못이 사라졌다.

〉

홍골못이 사라진 자리에서 다시 홍골못을 보고 있다. 흐르는 것을 멈추고 깊이를 얻으려 할 때는 꽃 피고 새가 우는 것도 아프다. 뭉게구름 맞닿은 미루나무와 산봉우리가 보인다. 모두들 거꾸로 서 있다.

* 필자의 고향에 있는 저수지.

이 지상에서는

4월, 마을 뒷산 중턱쯤 상수리나무가 또다시 연초록 카드를 빼들었다. 작년, 그러니까 가까운 사람에게 맥없이 마음을 잡아 뜯기고 아프게 산을 오를 때도 상수리나무 연초록 이파리를 내게 빼들었다.

언제부터 상수리나무는 세상을 향해 연초록 카드를 내밀었을까? 세상 어떤 것도 다 뚫을 수 있는 창을 빼들든지 세상 어떤 것도 다 막아 낼 수 있는 방패를 빼들든지 할 것이지, 지나가는 바람에도 펄럭이는, 벌레들 달려들어 갉아먹기 좋은 여리고 부드러운 카드만 빼드는 걸까? 어리석은 상수리나무라고 하다가

문득, 표독스런 겨울을 지나고 선택한 카드라서, 저 여리고 부드러운 것은 만만한 것이 아닐 것이라 생각한다. 천 년 전에도 연초록 카드를 빼들었을 것이다. 천 년 후에도 연초록 카드를 빼들을 것이다. 이 지상에서는

문득, 수철이 생각

어릴 적 수철이는 이상스런 말을 많이 했다. 이시부끄맹코살라야똥까리무리카타파통파타카. 그리곤 미친 아이처럼 동네 골목을 돌아 공박골에서 헐떡이고 있었다. 동네 꼬맹이들은 그런 수철이의 모습을 꽤나 즐거워했고, 달님이 크실 땐 모두가 수철이의 뒤를 따르며 말을 받아 뇌까렸다. 이시부끄맹코살라야똥까리무리카타파통파타카. 수철이는 어느 날 집에 있는 강아지에게 이렇게 험악한 주문 같은 것을 가르치기 시작했다. 그때는 춥고, 무서웠고, 새마을 운동은 활기찼다. 몇 년이 지나자 수철이 개가 달을 보고 짖어댔다. 이시부끄맹코살라야똥까리무리카타파통파타카.

일요일, 하루 종일 뉴스만 방영하는 한 방송을 보다가, 초대 된 패널들의 말을 따라가다가, 나도 모르게 수철이 보다 더 미친 듯이 고래고래 뇌까리기 시작했다. 이시부끄맹코살라야똥까리무리카타파통파타카.

원수가 된 고구마 친구

친구가 또 고구마를 보냈다.
오래 전에 원수 사이가 된 줄도 모르고

흰 구름에도 마른버짐이 피던 그 때
등굣길에 고구마를 가져 와서
속살 하얀 말로 내 유년을 둥실둥실 띄우던 친구

고구마는 이 세상에서 가장 친한 친구에게만 주는 거야.
만약 어느 누구에게라도 고구마를 받았다고 말하면
우린 원수가 되는 거야.

나는 떠나고, 친구는 남고

산다는 것이, 살아간다는 것이
결국은 어둠 속을 벗어나는 일이라면
칼끝만큼 틈만 있어도
햇살이 무수히 쏟아져 내리지 않던가.
〉

홀로 밤길을 걸으며 말했다.
겨울비 등뼈 속을 흐를 때 말했다.
눈물을 감추려고 하늘을 볼 때 말했다.
부심히 흐르는 강을 보며 말했다.

고구마를 준 친구가 있다.
내게는 고구마를 준 친구가 있다.

나무는

나무는 옴짝달싹 못하는
매인 몸이라고 한다
그러나,
나무는 땅에 뿌리 내리고
하늘을 향해 꼿꼿이 걸어간다
가끔 바람에 흔들리기도 하면서

절경

파도는 한두 번 밀려오다 마는 줄 알았다.
끝없이 밀려오는 파도
때리고, 때리고, 또 때리고
끝까지 남아서 휘고 뒤틀린 것이 절경이란다.

바다 속 거대한 암초들 몹쓸 눈총만 받더니
솟구쳐 바닷물 빠진 뒤
기다리고, 기다리고, 또 기다리고
나무가 자라나 운무가 슬쩍 걸치니 절경 중 절경이란다.

석양이 멋쩍다

얼굴이 화끈 달아올랐다

아침에
얼굴 상기 된 채
온 세상 그늘 한 점 없이 밝히겠다고 한 말
참 멋쩍은가 보다

세상에 축축한 그늘
아직도 저리 많다니

넝쿨장미

구월여자중학교 남쪽 담장 옆 교실에
책보다 생각의 끝이 간지러운
소녀들이 푸릇푸릇하다.

초록 능선을 달래며 끌고 가는 5월의 태양
선생님은 또박또박 페이지를 넘긴다.

스마트 폰 세상 속으로 우루루 몰려 간
아무리 불러도 돌아오지 않을 것 같은 소녀들

넥타이 단정하게 매신 선생님은
뒷짐 지고도 그 붉은 징후 훤히 보신다.

수업은 하다 말고 무슨 말씀 하셨을까?
한꺼번에 터진 저 환호성
훌쩍 담장을 넘는다.

산막이 옛길*에서

언젠가 하다 만 이야기를 다시 시작한다.
맨 처음 가졌던 싸리꽃 사연들, 산막이 옛길

세상 살아가는 사연이야 다 달라서
황망히 이별을 하고 소식 한 통 없이 지내도
제각기 소중히 보듬는 가슴은 있어 꽃은 피는가.

숨어 피던 산나리도 외로움을 보듬고
꽃잎마다 산새들 울음을 짤쪽짤쪽 저며 놓았다.

턱을 괴고 앉아
괴산호에 한반도 지도를 펼쳐 놓고
꼭 한 번 유람할 해안선을 찾던 천장봉.
오늘은 몰려드는 사람들 속 세상일이 궁금한지
길을 물어도 아무 대꾸가 없다.

아마도 그럴 거야
정말 그럴 거야

세상에 모든 길은 목숨처럼 소중한 사연이 있을 거야

나도 이쯤에서
오리나무 가지마다 활짝 푸른 문을 열고
걸어서, 걸어서, 그 옛날로 돌아가면
골목길 돌아 왼쪽에서 두 번째 집
마침내 거기 등잔불 아래
어머니는 바느질을 하고
나는 그 옆에서 국어책을 읽고 있다.

* 충북 괴산군 칠성면 외사리 사오랑 마을에서 산막이 마을까지 연결 된 총 길이 10리의 옛길.

불가마

훅! 숨이 멎었다.

그 누나의 꽃무늬 팬티
반닫이 맨 밑 서랍에 단정히 접혀 있었다.
몰래 한 번 만져 봤다.
비 오듯 땀이 흘렀다.

땀방울이 온 몸을 적시도록 살고 싶었다.
촘촘히 희망을 담는 곡식들처럼
뜨거운 들판을 가로질러 달리고 싶었다.

왜, 굴속 같은 어둠 속에서
또 무엇을 얻겠다고
웅크리고 앉아 진땀을 흘리고 있었던가

제 스스로 뜨거워진다는 것은
싸늘하게 식지만 안아도 되는 것을
단지 손만 잡고 있어도 되는 것을

가까이에 두고 가까이 있지 못한
그녀 앞에 죄인처럼 앉아있다.
진땀이 뚝뚝 떨어진다.

언뜻 본 내 모습

가을 무렵
비 오는 처마 밑에서 보았다.
가늘고 긴 줄기 끝에 꽃을 피운
남색 개량 국화
꽃봉오리에 빗방울이 떨어질 때마다
연신 고개를 꾸벅꾸벅 조아린다.
봄부터 긴 여름을 지나는 동안
몇 개의 가지를 하늘로 올리고
정성껏 빛을 모아
색깔 하나 얻어 꽃을 피웠는데
뉘우쳐도, 뉘우쳐도, 남는 무엇이 있기에
하늘에서 떨어지는 물방울 속에 비친 저 세상이 어떻기에
굽신굽신 머리가 땅에 닿는다.

낙엽

도달해야 할 가장 높은 곳이
바닥이라니
내가 가장 싫어했던 바닥이라니

시궁창에 떨어질 수도 있다니
축축한 길바닥에 뒹굴 수도 있다니
네게 밟힐 수도 있다니

바람이 분다
노을이 붉다
자, 이제 비상이다
지상에서 가장 높은 곳으로

강화도江華島

빛나는 강이라 하십니다.
지워지지 않는 멍이 아닌지요?

초지대교를 넘다 말고 먼 눈길을 당긴다.
염하에 흐르는 말 발굽소리, 함포소리
탁류 속에 길은 끊어졌다 이어지며
언제 적 노을일까 붉게 탄다.

돌아보면 아물지 못한 상처가 주인 행세를 한다.
네가 나에게 내가 또 나에게

슬픔을 껴안아준 자가 슬픔 너머를 말할 수 있다.
강화江華의 노을은
지금 어디에서 붉게 타는가.
갯바람을 타고 갈매기 먼 바다로 난다.

탁류의 염하 속에 나는 다만 탁류였다.
생존은 비릿하다.

짐승의 비명소리, 풋것의 엄살
서럽도록 맑은 소금이 뚝뚝 떨어진다.

오래 된 상처가 노을빛에 아문다.
비로소 강화江華가 보이는가
멀리 바다가 있고 가까이 마을이 있는
그리고 거기 다만,
논밭 일구는 농부가 있고 노을을 등지고
바다에서 돌아오는 어부가 있는

위로하지 마라
설핏 위로하지 마라
탁류의 염하 속에 이미 강화江華는 있다.

초연히 만조를 재고 있는 노을 한 점.

꽃이 쳐다봐요

오후 서쪽 하늘 아래 시인학교 있는데, 원래 모두가 시인이었을 텐데, 맑고 맑은 눈동자를 가졌던 적이 있었을 텐데, 다시 시인으로 돌아가겠다고 공부하는 학생들이 있는데, 돌을 돈이라고 하고, 선을 성이라고 했던 학생들이 있는데, 떠오르는 대로 자신 있게 쓰면 된다고 만화 같은 상상력이 제격이라고 말씀하시는 선생님 계시는데, 고정관념은 죽음이라고 하시며, 고정관념을 만드시는 선생님이 계시는데, 오늘도 선생님은 차돌을 하나하나 쪼아대고 있는데, 환갑이 된 나이에 몇 해를 끙끙거리던 학생이 자기도 모르게 한 구절 썼다. "꽃이 쳐다봐요." 선생님 환히 웃으신다. 참 많이 부드러워졌다고 참 많이 돌아갔다고 좋아서 밥 사고, 술사고, 노래방 갔는데, 그 학생 돌아가는 밤길이 얼마나 밝았을까.

채송화

단독주택 골목길을 몇 번 돌아들어 햇살 좋은 담장 밑
아이들 웃음소리를 꿈꾸나?
노인 서너 명이 쭈그리고 앉아
골목 끝을 기웃거리고 있다.

| 제3부 |

아라뱃길에서

아라뱃길에서 · 1

서해 앞에 선다.
서해에 도착하기 위해 얼마나 몸을 낮췄는가.
흙빛과 풀빛과 하늘빛이 하나가 될 때까지
굽이굽이 돌아온 길이 얼마나 고되었던가.
서해를 바라보고 있다.
이제 가만히만 있어도 곧 서해인데
갑자기 서둘러 서해로 들려 하나
서해는 갯벌이다.
텀벙, 바다로 뛰어들지 말라고
뒤척이는 파도가 되어 절벽을 부서지도록 때리다
고단한 그 몸 시퍼렇게 멍들지 말라고
서해는 수평선 같은 갯벌이다.
서두르지 말자.
아라뱃길에서는 잠시 멈추어 있어야 한다.
서해가 받아들일 때까지

아라뱃길에서 · 2

굴현나루 지나 시천나루 지나
자전거를 타고, 캠핑을 하고
때론 눈물을 삼킨다.
뱃고동이 여무는 시간이다.
짧고도 긴 물길이다.
살면서 몇 번은 아픔도 있어야
뱃고동이 깊다.
아라뱃길에서 노을을 바라보고 있으면
아득히 뱃고동이 울린다.

아라뱃길에서 · 3

좌수 서예가 검여[*]는
절체절명 어둠 속에서
그토록 간절히 소망하던
한 획을 그었다.

시천나루에서 정지한 듯 흐르는 물길을 보고 있으면
막 펼쳐놓은 하얀 전지 한 장이 떠오른다.
아무도 손을 대지 못한 망막함이 가득한
한 쪽을 막고 한 쪽을 열어야 흐르는 물길은
정서진의 노을을 적시지 못한다.
개 건너 사람들이 묵묵히 참고 기다린 질박한 빛깔이
한 겹 한 겹 배경으로 서 있고
작은 가슴들을 굽이굽이 돌아 흐르는
세대와 세대를 넘어 흐르는
한 획을 그어야 한다.

아무도 손대지 않은 하얀 전지 한 장을 앞에 놓고
다시 검여를 기다린다.

* 인천시 서구 시천동(현 아라뱃길)에서 출생한 검여 유희강 선생은 추사 김정희 이후 최고로 꼽히는 한국 근 현대 서화의 대가이다. 뇌출혈로 인한 오른쪽 반신마비를 극복하고 좌수체를 개발해 극적인 인간 승리의 일화를 남겼다. 아라뱃길에 검여 유희강 선생 기념 표지석이 있다.

이슬

어둠의,
다만 어둠뿐이었을 때

한 방울 빛이 떨어져
새벽이 오고
아침이 오고

그러나 그 빛은
내 어둠 가장 깊은 곳에서 솟아난
알 수 없는 그리움이었다며
맑게 웃는
그녀

차갑고 영롱하다.

어머니의 허리

팔십이 넘도록 버텼다.
단단한 것이 끝까지 간다는 결심
그것을 허무하게 파기했다.
있어야 할 허리 마디가 사라진 자리
어머니는 헛소리로 채우신다.
더 버텨야 하는데, 아직은 더 버텨야 하는데
살면서 수도 없이 무너지고 주저앉으셨겠지.
찔레꽃처럼 하얗던 목덜미가 논밭에서 까맣게 타고
땡볕 신작로를 아물아물 걸어 장에서 돌아오면
가난이 어린 새끼들처럼 부엌에서 우글거렸다지.
무너져서는 안 된다는 생각에
억척으로 살아도 될 일을 모질게 살아서
때론 말씀마다 자식들 가슴을 예리하게 그으셨다.
자식들은 그 서늘한 자리를
일찍부터 무서운 생명력으로 채워야 했고,
일어서려 할 때가 가장 힘들 때여서
어머니는 우리 집안의 그 힘든 시기
튼실한 허리였음을 아시는지 모르시는지,

풀기 없는 환자복 속에 눈물자국이
멀리 창 넘어 노을인양 붉다.

민들레 녹즙을 내다가

고문 틀 같은 녹즙기 속에 민들레를 넣고 주리를 튼다.
핏줄 터지는 소리
근육 으깨지는 소리
뼈 부서지는 소리
자백을 해라, 자백을 해

세상 쓴 맛이란 쓴 맛 다 맛본 죄 밖에 없소.
차라리 죽으라고 짓밟고, 짓밟아도
죽지 않고 살아난 죄 밖에 없소.

이파리를 잘게 찢고
꽃 대궁을 뚝뚝 잘라
다시 또 고문 틀에 넣으려 하면
오직 진실만 말했다고
이 몸 다 짓이겨봐야만 알겠냐고
이차돈처럼
허연 피를 울컥울컥 쏟아낸다.

아비지

쌀장사 하는 동안
땅에 떨어진 쌀알을 모아 두었다가
몽당발 된 비둘기 날아오면
그 앞에 뿌려주셨다.

평생
큰아들이 마음에 걸려서
딴엔, 그것이 안쓰러워
그러셨던 모양이다.

수수꽃

허기진 산밭이 웅 웅 헛소리를 하면
아버지는 돌을 골라내고 두엄을 넣었다.
봄바람 분분해도 머리카락만 헝클어질 뿐
말도 없이 오직 한 가지 생각뿐이셨다.
먹고 사는 거야 어떻게든 못 먹고 살까?
서로서로 바람막이 되는 혈육이
제일 큰 기쁨이지.

아버지 고희연 날
아들, 딸, 며느리, 사위, 손자, 손녀
바글바글 환하다.

수수꽃이 피었다.

그릇이 깨질 때 내는 소리

장대높이뛰기 선수가 신기록을 달성하고
바닥에 떨어졌다 튀어 오르는 소리

긴 겨울을 건너와 만개한 매화가
하아! 하고 탄식하듯 밝아지는 소리

부화를 갈망하는 알이 깨지는 소리

어제에서 오늘로 넘어오듯 내일로 넘어가는 소리

아버지가 깨지던 날
어린아이처럼 울기만 했다.

개망초

해마다 긴 장마가 들면
무너진 토담을 지나
에베미 들판에서 백령산 자칫골까지
마냥 히죽히죽 헤매던
고모야
문내실 고모야

그 해,
유월 지나 칠월인가, 팔월인가
온 산하에 콩 볶듯 총소리에 놀라
하얗게 정신을 놓아버린
눈 맑은 고모야
막내 고모야

진홍
—마리아고로테

당신이 주신 뼈 마디마디
한 땀 한 땀 수繡를 놓으라 하십니다.
붉게 수를 놓으라 하십니다.
신혼의 분홍빛은
짧고 선명한 외마디로 꼬리뼈에 새겼습니다.
짙푸른 여름의 척추 뼈 마디마디
당신이 건네주시는 장미를
붉게, 붉게 새기고 있는 것 뻔히 아시면서
불타는 노을을 그 위에 또 수놓으라 하십니다.
노을이 지기 전에 한 땀 한 땀 수놓으라 하십니다.
보잘것없는 저를
어찌 하여 진홍으로 채우려 하시나이까?

헬렌의 집*에는

헬렌의 집에는
맑고 깊은 호수처럼 잔잔한 아이가 있고
간헐적으로 화기를 내 뿜는 노천 온천수 같은 아이도 있고
이른 봄날 하늘 높이 지저귀는 종달새 같은 아이가 있고
산 능선에서 아련히 뒤 돌아보는 노루 같은 아이도 있고
어깨동무하고 꽃을 피우는 채송화 같은 아이가 있고
처마에서 빗물 떨어지는 소리를 내는 아이도 있고
끊임없이 갯바위에 몸을 부딪치는 파도 같은 아이가 있고
장대 끝에 앉아 있는 가을 고추잠자리 같은 아이도 있고
달밤 초가지붕 위에 피어있는 하얀 박꽃 같은 아이가 있고
가을 뜨락에 햇살처럼 눈부신 아이도 있고
잎 떨어진 감나무에 까치밥 홍시처럼 매달린 아이가 있고
……

때때로 또는 늘
그 모습 가슴 오솔길에 그리워 찾아오는 사람이 있고
언제나 함께 있는 사람도 있고

* 헬렌의 집은 마리아의 전교자 프란치스코회 수녀님들이 운영하는 여성 지적 장애인 시설이다.

수녀님 말씀이

마리아 수녀님이
내 이름을 불러 주셨다.
망설임도 없이
보듬어 섬기는 것을 흉내 냈다.
아픈 사람과 병원도 다니고
꿈속에서 사는 아이들과 여행도 다니고
할머니들과 밥 먹고, 노래 부르고
청춘은 어느덧 알 수 없는 빛깔로 변했는데
남은 생,
섬기는 마음 아직 멀었다고
혼신으로 정성을 다해 섬겨 보라고
내 몸 깊숙이 함부로 손댈 수 없는 것 하나
먼 먼 그분께서 놓고 가셨다.
수녀님 그 소식 들으시고
한 말씀 하셨다.

"곱게 단풍 들었네."

초보 농사꾼 · 1

척박한 땅에 돋나물은
땅딸하게 어깨를 맞대고 바글바글거린다.
물기 있고 기름진 땅에서 싹을 틔운 오이는
훤칠하니 싱그럽게 자라 오른다.

난, 왜
아버지와 아들 생각이 드는 것인지

땡볕 아래 논밭을 일구다 도회지에서 쌀장사 하시며
오남매를 바글바글 끌어안고 사신 아버지와
때 맞춰 학교 가고, 철 따라 맘껏 먹고 자라
훤칠하고 미끈하지만 날 감고 오르는 아들

초보 농사꾼 · 2

밭 끄트머리 물기도 없어
곡괭이로 파야 겨우 파진다.
소출 낼 땅도 아닌 듯해서
쪽파 씨앗을 듬성듬성 묻었다.

봄이 오고 몇 차례 비가 내렸다.
가운데 손가락만큼 자란 쪽파를 뽑으려고
곡괭이로 땅을 찍었다.
푹신 들어간다.

쪽파와 땅이 서로 만나 무엇을 했을까.
한 겨울 서로 부둥켜안고 무엇을 했기에
이토록 땅이 부드러워졌을까.

초보 농사꾼 · 3

상추, 치커리, 오이, 가지, 케일, 쑥갓
어린 모종들을 몇 고랑 심어 놓고
힘없이 후들거리는 모종들 주위로
어둠이 내리는 줄도 모르고 물을 뿌렸다.

밭둑 끝에서
발걸음을 떼지 못하고 자꾸만 뒤 돌아본다.
깜깜한 어둠 속에 저것들만 남겨놓고 가는 것이
자꾸만 걱정이 돼서
돌아보고 또 돌아본다.

초보 농사꾼 · 4

무농약 유기농 농사를 짓겠다고 몇 년을 퇴비만 묻고 농사를 졌다. 서리 내리기 전에 고구마를 캐야 하겠기에 서둘러 고구마 둑을 호미로 팠다. 성한 고구마가 없다. 여기저기 벌레 먹은 자리 호미를 깊숙이 넣었더니 허연 굼벵이가 때굴때굴 구른다. 허리춤을 움켜잡고 때굴때굴 구른다. 멍청이, 멍청이, 하면서 배꼽을 잡고 때굴때굴 구른다.

초보 농사꾼 · 5

어릴 적 갓 쪄낸, 옥수수 하모니카 불던 생각에
옥수수 씨앗을 묻었다.
무럭무럭 자라 열매를 많이 맺으라고
거름을 듬뿍듬뿍 넣었다.
여름이 지나는데도 옥수수가 열리지 않는다.
무럭무럭 키만 키운다.

옆 밭에 할아버지 한 말씀 하신다.
농사는 욕심으로 짓는 것이 아니지.
할아버지 옥수수는
내가 기른 옥수수보다 키도 작은 것이
옥수수를 통통하게 매달고 있다.

| 제4부 |

달을 끌고 가는 사내

시장에서는

흘러야 한다.
위에서 아래로 흐르든지 옆에서 옆으로 흐르든지
앞서든지 뒤서든지 떠밀리든지 흘러야 한다.
흐르는지도 모르면서 흘러야 한다.
어디로 흐르는지 어디까지 흘렀는지 알 필요도 없다.
내가 흐른 만큼 너도 흐르고
네가 깊어진 만큼 나도 깊어진다.
흐르는 곳에는 잎이 돋고 꽃이 피고
가지들은 하늘을 향해 자란다.
따듯한 열기가 피어오른다.
흐른다는 것은
함께 흐른다는 것은
가장 쉬운 방법으로 가장 어려운 일을 완성하는 것이다.
가쁜 숨 몰아쉬는 자여
흐르는 곳에서 깊이를 재지 마라.
흐르는 것은 바다를 꿈꾼다.

어둠으로 까는 바지락

중앙시장 끝자락 어둠 한 점 앉아있다.
그 앞을 지나가면 왠지 환해지는 어둠이다.

새벽이 오기 전 어둠 같은
안기면 눈물이 주르륵 흘러내릴 것 같은

한 망태기 비린 바지락들은
오늘도 제 어둠만 앙 물고 달그락거린다.

많은 것보다 더 많게, 쎈 것보다 더 쎄게
휘황찬란한 대형마트

잘 벼려진 창칼 같은 것으로 무엇인가를 후벼 파야만 한 점 빛을 얻는다고, 무한의 공격성만이 오직 정점에서 빛난다고 하면, 휘어진 손마디에 퉁퉁 불은 느려터진 손놀림으로, 바지락을 까는 할머니는 얼마나 후미에서 엉거주춤 따라오는 것인가?

〉

어둠이 어둠을 껴안고 있다.
지극함이다.
바다가 그리운 바지락들은 어둠 속에서 눈을 뜬다.

중앙시장 끝자락에 어둠 한 점
밤늦은, 겨울바람 속에 앉아 있다.

푸른부전나비 한 쌍

시장에서 버려진 종이상자 줍는 노부부
궁핍하고 쓸쓸하고 비참하다는 생각을 접기로 한다.
종이상자 앞에서
갈퀴 같은 손가락으로
느리고 공손하게 허리 굽히는 것을 보면,
감싸고 있던 것을 모두 내어주고
헛헛함에 망연스런 빈 세월을
차분히 다독여 다시 또 처음으로 접어놓는 것을 보면,
모을수록 가벼워지는 세상의 법칙
지금 터득하려는 것은 아닐 것이다.
바람을 읽어도 바람에 펄럭이지 않는다.
꼬물꼬물 꾸벅꾸벅 시장을 돌며
채우지 못한 마디 하나를 말갛게 채우고 있을 것이다.
상가 계단 아래에 웅크리고 있는 노부부
미동도 없다.

화창한 봄날
푸른부전나비 한 쌍 팔랑팔랑 시장을 난다.

봄 꽃놀이

섬진강 매화가 올해는 더 얄밉다. 구례 산수유는 그렇다치더라도, 진해 벚꽃은 해도해도 너무한다. 한 해도 거르지 않고 피는구나. 꽃이 됐으면 아는 듯 모르는 듯 조용히 미소 짓다가 떠나도 될 일을. 이 동네 저 동네 사람들 다 끌어 모아놓고 얼굴이 하얗도록 자지러진다.

한낮 파라솔이 꽃이 되고, 골목 외등이 달이 되는 아리송한 경계를 봄비가 넘고 있다.

봄비가 담뿍담뿍 내린다. 장터순대국집 창밖에서 깜빡깜빡 봄꽃이 핀다. 횡단보도 지나 보도 블럭에도, 갑자기 생긴 물웅덩이에도, 녹슨 화물차 위에도, 박 씨 텅 빈 좌판 위에도 꽃이 핀다. 방긋방긋 봄꽃이 핀다. 초등학교 막 입학한 막내딸처럼 화사하다. 담뿍담뿍 봄비 내리는 날, 노점상 박 씨 얼굴이 불콰하다. 봄꽃놀이 중이다.

달을 끌고 가는 사내

사내의 달이 땅에 떨어져 깨진 것은 9월 중순이다.

무릎 꿇는 것이 죽기보다 싫어 속도를 내던 사내
뇌출혈이 사내의 폭주를 움켜잡고 무릎을 꿇렸다.

교회 첨탑의 높이쯤에 깨진 달을 올려놓고
하루에 한 번은 시장을 지나 교회를 다녀왔지만
실컷 무릎만 꿇었다.

무릎을 꿇으면
등을 보이게 되고, 안기게 되고, 더 뜨거워지고
속도는 제자리로 돌아와 둥글어진다.
어머니가 늘 제자리에서 기다리듯이

언제부턴가 사내가 시장에서 삼보일배 한다.
어느 때는 이보일배도 하고, 일보일배도 한다.
깨진 달을 줍는다.
기우뚱거려도 기우뚱거리지 않는

헤진 작업복이 누더기가 되도록 시장을 돌고 돈다.

시장을 몇 바퀴 돌고 나면
손잡이가 휜 리어카에 소복이 보름달이 뜬다.
그 달을 끌고 어둠 내린 언덕을 넘는다.

하루도 거르지 않고 재래시장에 뜨는 둥근달은
비가 오나 눈이 오나 궤도를 이탈하지 않는다.

오늘도 상인은 달을 샀다.

목포댁, 물빛

놓친 붕장어 다시 잡아 도마 위에 놓고 배 가르는 부르튼 손 봤지. 갈치 흥정하다 그냥 가는 손님을 한동안 쳐다보던 뒷모습 봤지. 동태 몸뚱이를 무쇠칼로 내려치다 힐끗 뒤돌아보던 눈빛 봤지. 자욱한 비린내 밀어내고 늦은 점심 훌쩍이고 먹을 때 흘러내린 머릿결 말없이 쓸어 올리던 모습 봤지. 쓸데없이 덤 준다고 두 번째 서방한테 구박 먹는 거 봤지.

그딴 건 늘 있는 일이잖아?
교통사고로 힘겹게 버티던 딸 화장해서 뿌리고
끌려 나오듯 가게 나온 목포댁 얼굴 봤어?

그 시린 물빛 봤어?

딜

야간에 김밥집에서 일하는 여자라고 하면
그런 사람 한두 명이냐고 할 것 같아서

막내딸까지 대학 입학 시킨 엄마라고 하면
빚의 오라에서 풀려나기는 틀렸다고 할 것 같아서

남편 병간호 하며 반지하에서 월세 산다하면
보도블럭 갈라진 틈의 민들레 같다 할 것 같아서

좋은 시절을 꿈꾸는 것은 죄가 될 수 없는데
긴 밤을 잇는 통점들이 모래알처럼 뿌려져 있어서

수술도 못하고 중환자실에 누워 있다고 하면
다짜고짜 하늘 향해 삿대질 할 것 같아서

그냥,
달이라고 한다.

목련의 미소

버스 정류장에서 붕어빵 굽는 여자. 오늘은 통통한 손에 하얀 가루 반죽을 언뜻 묻히고, 알 수 없는 미소를 머금었다.

정 주면 설익고 모질면 까맣게 타버리는 마음이라도 보았다는 걸까. 불판 속에서 바삭한 빛깔로 익은 붕어빵이나 뜨겁게 견딘 하루의 빛깔이 같다는 것을 알았다는 걸까. 버스를 타고 내리는 사람들. 남편도 저렇게 왔다 저렇게 갔다는 것을 인정한다는 걸까. 살아 펄펄 뛰는 붕어와 뜨겁게 막 구워낸 붕어빵은 함부로 잡을 수 없다는 것을 알았다는 걸까. 길 건너 아파트 불빛보다 그 뜰에 피는 목련이 왜 더 따듯한지를 깨달았다는 걸까.

옹이 져 구부정한 목련나무 가지 끝에, 새벽강을 파닥파닥 날아온 어린 새들이 막 날개를 편다.

빗소리

한 무리의 말들이 초원을 달려와 아득한 자작나무 숲으로 멀어진다. 또 한 무리의 말들이 산을 넘어와 강을 따라 멀어진다. 앞발을 추켜세우고 울부짖는 말 잔등에 잽싸게 올라탄다.

광개토대왕 깃발을 펄럭이며 만주 대평원을 달린다. 말고삐를 머리 위로 휘휘 돌리며 울란바트라 대초원을 달려 텐센 산맥을 넘는다. 보스포로스 해협에서 마침내 무너진 견고했던 성을 지긋이 내려다본다. 조국보다 사랑을 움켜잡고 코사코 그 사내, 우크라이나 대초원을 달린다. 생존은 지루함을 인정하지 않으므로 마라강의 악어는 누우의 생에 절정이다. 필히 사바나 대초원을 달려야 한다.

달려야 한다! 달려야 한다!
거칠게 울어대는 말 울음소리
번뜩 눈을 뜬다.

창문 밖 빨랫줄에 작업복 한 벌.
아무도 태울 수 없는 말안장이 밤새 젖고 있다.

감의 곡선

내 늦은 가을, 노모가 홍시를 건넨다.
껍질을 벗기고 한 입 쪽 빤다.

달콤해서
눈물이 주르륵 떨어진다.

제발 굽실거리며 살지 말아요.
굽실거린다는 것은 늘 제자리걸음입니다.

일찍 도착한 사람들이 권력을 누린다고 생각했으므로

굽히는 것들은 무엇이 됐든 담고 있다.
아무리 굴려도 쏟아지지 않게 하려고
완벽하지는 않더라도 둥그러진다.

어머니가 한사코 굽히기만 한 것은
나를 더 오랫동안 품고 있어야 했기 때문이었다.
〉

굽히고 굽혀서라도
다디단 생으로 세상에 남게 하려고
나를 낳고 어머니가 선택한 길이었다.

수염 같은

까까머리 머슴애가 얼굴이 누에고치처럼 하얗고 갸름한 계집애에게 불쑥 감꽃 목걸이를 걸어 준 것도, 아이스케키가 하 먹고 싶어 아버지 흰 고무신과 바꿔먹고 흠씬 회초리 맞은 것도, 대학도 못가고 감히 시를 쓰겠다고 한 것도 ,가진 것도 없으면서 직업마저 없으면서 눈이 커서 겁이 많은 세상 물정 모르는 아가씨를 휙 낚아채 살림을 차린 것도, 친구와 술만 좋아하다 끝내 가난을 면치 못한 것도, 역설과 반전이 없는 생은 맹물이라고 호기 넘치게 허세를 부린 것도, 자식들에게 오직 성실하게 착하게만 살고 꿈만 있으면 풍요롭다고 한 것도,

시퍼런 칼날 앞에서도 빳빳하게 솟아나는 무모함이었다.
매일매일 잘려나가는 목숨이었다.

채소전 단상

1. 양파

순결을 의심하여
칼을 드셨다면
끝까지 벗겨보시지요
순결은 켜켜이 아린 그리움이어서
오랜 소망의 속살이어서
끝내 그것을 확인한 순간
차마 눈물만 흘릴 것입니다

2. 당근

당근을 잡은 손에서
까닭도 없이 피어나는 오르가즘

첫눈이 오는 날 눈싸움하다
붉어진 짝꿍의 손을 꼬옥 잡아준 적이 있다

3. 파

고단한지 옷도 벗지 못하고 잔다

새벽부터 밤늦도록 장사를 하다보면
씻지 못하고 잘 때도 있다
조심스럽게 벗긴다
매끄러운 하얀 속살
핑,
입 안 가득 침이 고인다

4. 배추
치마를 겹겹이 껴입었다
허리띠를 싹둑 풀고
치마를 벗긴다
한 겹 한 겹 또 한 겹
생각이 점점 노랗게 물든다

5. 감자
"눈구멍을 파고 싶다."
몇 대 얻어맞고
퍼렇게 된 이마에 안티프라민을 발라주며

누나가 한 말이다

6. 고추

때깔 때문도 아니다
생김새 때문도 아니다
두려움 때문도 아니다
그 많고 많은 것 중에 딱 하나 골랐는데
눈물이 쏙 빠진다

소문

—건강원 CCTV·1

보름달이 뜨면
푸른 동굴 속에서 나와 등을 굽히고
흰 꼬리를 다듬는다지.

꼬리가 있다는 소문은 있는데 본 사람은 없어서

꼬리에 꼬리를 물고 소문이 소문을 물고 의심이 의심을
물고 사람이 개를 물고 개가 달을 물고 하현달이 꼬리를
물고

꼬리 다듬는 모습을 본 사람은 간과 쓸개가 뽑힌다지.
저자거리에 상록수가 된다지.

역시,
꼬리가 아홉 개 달린 고수의 솜씨야
흰 터럭 한 올 남기지 않고
무슨 상처를 꿰매거나, 꿰맸던 실밥 같은 것만
수북이 남겨놓고 사라지다니

불길

—건강원cctv·2

이두박근이나 삼두박근이 사과나무에서 사과를 하나 따서 광주리에 담는다면 사과의 세상은 바뀐 것이다. 이 세상에 존재하는 가장 부드러운 손길이 사과의 곡선마저 허물어 세상을 향한 중력을 모두 없애고 누군가의 자양분 되었다면 사과의 세상은 확실히 바뀐 것이다.

세상을 바꾸는 일이다. 불길
뜨거운 것은 뜨거운 것으로 끝나는 적이 없다.
불에 길이 있다.

중년

—건강원cctv.3

비만. 아집. 나태. 거드름. 철면피. 불륜. 고정관념. 독선. 비열. 군림. 정력제. 궁상. 꼴값. 잔인. 폭력. 주접. 변태. 인색. 허세. 노여움. 무사안일. 집착.

당신이 가져온 재료를 당신이 원하는 대로 삼일주야를 달였어요. 무엇이 추출 되었냐구요? 노랗고 번들번들한 중년이 추출 되었습니다. 아침, 저녁으로 따끈하게 데워서 정성껏 드셔 보세요. 세상이 온통 먹을 것으로 보이고, 음담쾌락의 수치가 빠르게 높아질 것입니다. 당신은 순도 100% 중년입니다.

청춘을 원하셨다구요? 그러시다면 당신의 재료 중에 우선 반에 반만이라도 바꿔 보시지요. 무엇을 바꿔야 하냐구요? 글쎄요. 저녁노을에 물어 보시든지, 가을 들녘에 물어 보시든지, 눈 내리는 겨울강에 물어봐도 괜찮겠지요. 준비되면 가져 오세요. 삼일주야를 정성껏 달여드리겠습니다. 설레는 중년도 있어요.

자라목

—건강원cctv·4

자라피를 원한다. 자라목을 내려치면 울컥 피가 솟구치는 것이어서 칼을 치켜 올린다. 거무튀튀한 목으로 꽃 대궐 세상을 꿈꾸며 머리를 밀어 올릴 때 목을 내려쳐야 한다. 꽃 대궐 세상을 꿈꾸는 순간이 가장 무방비 상태잖아? 눈치도 못 채게 내려쳐야 하잖아? 목을 내놔. 목을 내놔. 네 피가 필요해. 목을 내놔. 목을 내놔. 칼바람에 섬뜩 놀란 자라가 목을 쏙 집어넣는다. 칼끝에 자라 콧등만 잘려 나간다. 놀란 자라가 목을 숨긴다. 아무리 기다려도 목이 나오지 않는다. 칼을 번쩍 들고 목이 나올 때만을 기다린다. 뒤집어도 보고, 거꾸로 들어도 보고, 툭툭 쳐보기도 하고, 왜 안 나올까? 왜 안 나올까? 꽃 대궐 세상이 보고 싶지 않느냐? 나와라, 나와라, 안 나오면 꽃 대궐 세상을 어떻게 보겠니? 코 잘린 자라야. 코도 없는 자라야. 무엇이 그토록 수치스럽더냐? 자라야, 자라야 어서 목을 내놔라.

헛소리

-건강원 CCTV·5

물 탔지요?

네? 물을 타요?

와우, 그 발상 정말 참신하네요.

그분께서 우리들 살아갈 세상을 만드실 때 참으로 힘드셨겠지요. 나비와 장미와 물푸레나무와 별 같은 것을 만들 때 각각에 맞는 신비를 넣느라 얼마나 많은 밤을 지새웠겠어요. 사람을 만드실 때는 각자에 맞는 교만과 아집을 넣고 그 만큼의 좌절과 꿈을 넣느라 얼마나 고뇌했겠어요. 나중에 보잘 것 없는 것들은 그냥 대충 물 타서 만드셨다는 생각 아니십니까? 참 대단한 발상이십니다. 나는 미천한 것이나 존귀한 것이나 오직 당신의 지극한 사랑으로 만드셨다는 고정관점에 사로잡혀 있었을 뿐인데.

헛소리는헛소리고헛소리가아니라고헛소리해도헛소리고헛소리를헛소리라해도헛소리고헛소리헛소리

|해설|

어둠의 심연을 응시하며, 어둠을 껴안는 그리움

— 허문태의 시세계

고명철 | 문학평론가·광운대 국문과 교수

한 권의 시집에 묶이는 서로 다른 시편들은 시인에 의해 조율된다. 시인은 조율사로서 각 시들이 지닌 매혹을 어울리게 한다. 얼핏 보면 전혀 다른 심상을 지니고 있는 것처럼 보이지만, 그 다른 심상의 편린들은 저 만치 떨어진 심상과 묘한 울림을 자아내면서 애초 지닌 심상과 또 다른 매혹적 심상을 생성해낸다. 허문태 시인이 이번에 상재하고 있는 시집 『달을 끌고 가는 사내』의 다음과 같은 시를 잠시 음미해보자.

수 만 가지 아니다.

하나다.
죽을 때까지 사는 것이 아니다.
죽어야 사는 것이다.

하늘로 향한 가지 끝에
아침 햇살이 반짝 빛난다.

—「고사목」 부분

어쩌면 이리도 평안하고 설레일까?
더는 흘러갈 곳도 돌아갈 곳도 없다.
멀리까지 흘러 왔다.
참 멀리까지 흘러 왔다.
이따금 서로 맞서던 저 산맥도
어느새 여기까지 흘러 왔구나.
가만히 바다에 안긴다.

—「어느 대평원에서」 부분

삶이 멈춰진 볼 품 없는 앙상한 모양새로 하늘을 향해 서 있는 나무가 있다. 고사목으로 불리우는 나무다. 냉정히 얘기하면, 고사목은 죽은 나무가 아니던가. 생명의 기운이 스러진 채 가까스로 서 있는 나무가 바로 고사목이다. 그런데 시인은 이 고사목으로부터 "죽어야 사는 것"이란, 뭇생명의 기막힌 비의성을 포착한다. 말하자면 녹음이 우거지고 싱싱히 살아 있는 것만이 삶이 아니라 소멸의 기운으로 충

일된 것 또한 또 다른 삶이다. 그것은 "하늘로 향한 가지 끝", 즉 수직 상승의 욕망을 간직한 숭고한 세계를 향한 생명의 장엄함을 상기시킨다. 그 가지 끝에 "아침 햇살이 반짝 빛"나는 생의 아름다움을 우리는 목도하기 때문이다. 그런데 시인의 이러한 생의 비의성을 포착하는 힘은 바다로 뻗치며 마침내 바다에 안기는 대평원의 수평적 상상력과 교응한다. 고사목의 심상이 도달할 수 없는 하늘을 향해 죽음을 초월해내는 신생의 장임함을 내포한다면, 대평원의 심상은 끝없이 펼쳐진 광막한 대지 위로 흘러가는 저 숱한 생명의 흐름들이 만들어내는 신생의 장엄함을 펼쳐보인다. 고사목이 생의 절정에서 팽팽히 떨리는 긴장감을 간직하고 있다면, 대평원은 생의 유장함에서 여유롭게 풍겨나는 평안함을 지닌다. 그렇다면, 허문태 시인은 고사목과 대평원으로 표상되는 심상을 절묘히 조율하고 있는 셈이다.

이렇게 조율해내는 심상이 미더운 것은 관념이 아니라 삶의 구체성을 통해 보증된다.

놓친 붕장어 다시 잡아 도마 위에 놓고 배 가르는 부르튼 손 봤지. 갈치 흥정하다 그냥 가는 손님을 한동안 쳐다보던 뒷모습 봤지. 동태 몸뚱이를 무쇠칼로 내려치다 힐끗 뒤돌아보던 눈빛 봤지. 자욱한 비린내 밀어내고 늦은 점심 훌쩍이고 먹을 때 흘러내린 머리결 말없이 쓸어 올리던 모습 봤지. 쓸데없이 덤 준다고 두 번째 서방한테 구박 먹는 거 봤지.

그딴 건 늘 있는 일이잖아?
교통사로로 힘겹게 버티던 딸 화장해서 뿌리고
끌려 나오듯 가게 나온 목포댁 얼굴 봤어?

그 시린 물빛 봤어?

—「목포댁, 물빛」 전문

마치 여러 장의 스틸 사진을 보는 듯, 게다가 속사포처럼 쏟아낸 랩을 듣는 듯('~~지'와 '~~어/아'의 각운을 살린 랩의 라임) 위 시는 구체적 감각에 호소한다. 붕장어를 손질하고, 갈치를 흥정하고, 동태 몸뚱이를 가르고, 늦은 점심을 먹으면서 머릿결을 쓸어올리고, 두 번째 서방에게 구박을 먹는 목포댁의 일련의 생생한 삶의 현장 그 순간을 놓치지 않는다. 그러면서 목포댁의 내면 풍경을 심드렁하게 배치한다. 교통사고로 간신히 목숨을 이어오던 딸을 화장한 후 목포댁은 그렇게 생선 가게에서 일을 한다. 시인은 이러한 목포댁에서 스며나오는 그 특유의 "시린 물빛"을 응시한다. 비록 불구의 몸과 절망의 영혼에 붙들렸지만, 어떻게 해서든지 생을 버텨온, 그래서 남루한 삶 속에서 생의 고귀함을 누리고 싶었으나, 목포댁의 딸은 삶을 놓아버렸다. 하지만 목포댁마저 삶을 놓아버릴 수 없다. 목포댁은 마치 고사목처럼 "죽어야 사는 것"이란 삶을 살아간다. 그렇게 삶을 살아가는 것이 목포댁 딸이 못다한 삶을 대신 살아가는 것이며, "시린 물빛"을 지닌 채 상처투성이로 살아갈 수밖에 없는 삶이다.

그렇다면, 목포댁으로 하여금 이렇게 삶을 살도록 하는 저 도저한 힘의 정체는 무엇일까.

> 어둠이 어둠을 껴안고 있다.
> 지극함이다.
> 바다가 그리운 바지락들은 어둠 속에서 눈을 뜬다.
>
> —「어둠으로 까는 바지락」 부분

> 깃든다는 것은 아픔이다.
> 맑게 깃들 수 있다는 것은 그리움으로 끝날 때가 많다.
>
> —「모래알」 부분

> 그러나 그 빛은
> 내 어둠 가장 깊은 곳에서 솟아난
> 알 수 없는 그리움이었다며
> 맑게 웃는
> 그녀
>
> —「이슬」 부분

'어둠'과 '그리움'은 허문태 시인의 시적 상상력을 감싸고 있다. 여기서 '고사목=수직'과 '대평원=수평'의 심상과 관련이 깊다면, '깊이'의 심상과 관련한 시적 상상력을 주목하지 않을 수 없다. 시인에게 어둠은 축출해야 할 대상이 결코 아니다. "어둠이 어둠을 껴안"는 이 "지극함"의 정성을 통해 어둠은 그리움을 촉지한다. 그리운 것은 한 순간 오지 않는다. 간절한 마음과 정성이 어둠 깊숙한 곳으로 스며들 때 그 "알 수 없는 그리움"으로 현현된다. 때문에 이 어둠 깊숙한 곳으로 파고들어 "깃든다는 것은 아픔이다." 이 아픔이 수반되지 않고서는 "어둠 속에서 눈을" 뜨기 힘들다.

그래서일까. 허문태 시인은 자신의 어둠뿐만 아니라 타자의 어둠과 대면하는 것을 두려워하지 않고 그윽한 시선으로 어둠을 껴안는다.

슬픔을 껴안아준 자가 슬픔 너머를 말할 수 있다.
강화江華의 노을은
지금 어디에서 붉게 타는가.
갯바람을 타고 갈매기 먼 바다로 난다.

탁류의 염하 속에 나는 다만 탁류였다.
생존은 비릿하다.
짐승의 비명소리, 풋것의 엄살
서럽도록 맑은 소금이 뚝뚝 떨어진다.

—「강화도」 부분

퍼런 집념의 삽날들 사이로 물고기의 비늘처럼 달빛이 떨어진다 사랑한다고, 사랑한다고, 하면서 나는 또 소박한 가슴들을 얼마나 무너뜨렸는가 무너지는 것에는 사이렌 소리가 울린다 어쩌면 차라리 그것이 힘인지도 모른다 신호등에 걸려 있는 저 천진한 눈빛들

—「포클레인」 부분

시적 주체가 마주하는 풍경은 과거와 현재의 내상을 갖고 있다. 강화도를 말없이 흐르는 탁류의 소금바다는 상처투성이다. 고려(몽고 침입)와 조선조(병자호란) 봉건시대에 외침을 피해 위정자들이 숨어든 곳, 근대전환기 서구의 열강(신미양요, 병인양요)과 일본 제국이 강제로 문호를 개방(병자수호조약)시키기 위해 침범한 곳, 그리고 냉전체제로 분단의 현실을 상기하는 곳이 바로 강화도인바, 이 숱한 역사의 고통을 강화의 탁류는 "서럽도록 맑은 소금"이 깃든 바다로 껴안으면서 치유한다. 그런데 강화도가 감내하고 있는 이 상처를 시적 주체는 개발주거지에 자리하고 있는 존재들에게 가하고 있다. 개발의 미명 아래 시적 주체인 '나'는 "퍼런 집념의 삽날"을 개발주거지에 들이댄다. 그리고 '나'는 "또 소박한 가슴들을 얼마나 무너뜨렸는가"고 스스로를 향한 성찰에 괴로워한다. 강화도의 고통스런 역사의 어둠과 현재 개발지역에서 삶의 터전을 빼앗긴 채 어디로 쫓겨난 약자들을 뒤덮고 있는 어둠을, 시적 주체는 고통스럽게 응시하면서 껴안는다. 이것은 상처받은 자들을 향한 시적 치유로서 동시

에 시적 주체의 자기구원이기도 하다.

그렇다고 허문태 시인이 어둠을 내밀하게 껴안는 행위만을 보이는 것은 아니다. 여기서, 우리가 구분지어야 할 것은 시인이 껴안고 응시하는 어둠은 시적 주체와 시적 타자를 치유함으로써 신생의 가능성을 내포한 것이지, 말 그대로 부정한 속성을 띤 채 비판하고 축출해야 할 어둠마저 포함한 것은 아니다. 가령,

> 일요일, 하루 종일 뉴스만 방영하는 한 방송을 보다가, 초대된 패널들의 말을 따라가다가, 나도 모르게 수철이 보다 더 미친 듯이 고래고래 뇌까리기 시작했다. 이시부끄맹코살라야똥까리무리카타파통파타카.
>
> —「문득, 수철이 생각」 부분

와 같은 시에서 보이는 현실에 대한 비판은 우리시대의 부정과 타락을 은폐하는 어둠에 대한 통렬한 시적 비판으로 손색이 없다. 그것은 시적 주체 '나'의 어릴 적 친구 수철의 말 행위에 주목해야 한다. 즉 수철의 "이상스런 말" "이시부끄맹코살라야똥까리무리카타파통파타카."에 담긴 시적 비판을 이해할 필요가 있다. 수철의 이 알 수 없는 말은 어떤 뜻을 지닌 분절음으로 이뤄진, 달리 말해 의사소통을 겨냥한 '말'이 아니라 수철이 혼자 세상을 향해 내뱉는 신호음 그 이상도 이하도 아니다. 아니, 어쩌면, 이 신호음은 수철만

의 방식으로 세상과 소통하고 싶은 욕망의 기호체계로, 돌이켜보면, '나'의 어린 시절(새마을 운동이 붐인 시절) 세상을 향한 일방통행식 대응인지 모른다. 이제 '나'는 뉴스 속 패널들의 허장성세와 같은 말의 향연에 대해 수철식 대응을 시도한다. 뉴스 속 패널들의 말은 누구를 위한 무엇을 겨냥한 어떠한 효력을 지닌 말들인지 '나'는 도통 알 수 없다. 다만 그것들은 대중을 상대로 한 매스미디어의 진열대를 화려하게 차지하는 뉴스상품에 불과하다. 그들만을 위한 화려한 뉴스상품의 스포트라이트 속에서 현실의 음습한 어둠은 밀봉되는 셈이다. 그렇다면, '나'와 수철의 이 "이상스런 말"은 부패하고 음습한 어둠을 발가벗겨 내는 비판적 주문이리라.

한편, 이러한 비판적 주문은 수녀님의 성스러운 말씀으로 다가온다.

남은 생,
섬기는 마음 아직 멀었다고
혼신으로 정성을 다해 섬겨 보라고
내 몸 깊숙이 함부로 손댈 수 없는 것 하나
먼 먼 그분께서 놓고 가셨다.
수녀님 그 소식 들으시고
한 말씀 하셨다.

"곱게 단풍 들겄네."

—「수녀님 말씀이」 부분

부정하고 타락한 것을 향한 매서운 비판만이 능사가 아니다. 타자의 잘못에 대한 준열한 비판적 시선 못지않게 자기 자신이 타자를 향한 "섬기는 마음"을 갖는 것도 매우 중요하다. 무엇인가를 섬긴다는 것은 말처럼 쉬운 일이 아니다. 타자를 섬기기 위해서는 타자의 가치를 발견하고 존중하는 마음이 스스로 일어나야 할 뿐만 아니라 그것을 몸소 실천에 옮겨야 한다. 물론 여기에는 자신을 한없이 낮추는 겸양의 윤리가 병행되어야 한다. 자신을 낮추고 타자의 가치를 발견하고 존중하는 것이 병행되는 일은 상호주관적 소통이 활발할 때 가능하다. 이럴 때 수녀님이 한 말, "곱게 단풍 들겄네."에 담겨 있는 성속일여聖俗一如의 진실을 깨우칠 수 있다.

돌이켜보면, 곱게 든 단풍을 무심결 지나치면서 '섬김'을 깨우치는 일은 쉽지 않다. 자신과 타자를 모두 섬기는 일은 일종의 종교적 가르침을 일상 속에서 실천하는 수행과 다름이 없다. 이것은 종교와 일상이 분리되지 않는 아름다움의 경지를 말한다.

언제부턴가 사내가 시장에서 삼보일배 한다.
어느 때는 이보일배도 하고, 일보일배도 한다.

깨진 달을 줍는다.
기우뚱거려도 기우뚱거리지 않는
헤진 작업복이 누더기가 되도록 시장을 돌고 돈다.
—「달을 끌고 가는 사내」 부분

시장에서 신산스럽게 생을 버팅기고 이어가는 사내는 자신의 스러진 달을 일으켜 세우려고 한다. 그래서 그의 '삼보일배'와 '이보일배', '일보일배'는 사내의 일상이되 일상을 파고들어 일상을 넘어서기 위한 자기구원의 종교적 수행이다. 이 종교적 수행에서 그는 "세상에 축축한 그늘"(「석양이 멋쩍다」)을 통과한다. 이 "세상에 모든 길은 목숨처럼 소중한 사연이 있을 거"(「산막이 옛길에서」)여서, 그는 "하늘이 맞닿은 지평선 끝까지"(「들풀」) "시퍼런 칼날 앞에서도 빳빳하게 솟아나는 무모함"(「수염 같은」)으로 터벅터벅 생의 길을 걸어간다. 그리고 절로 존재들이 지닌 생의 아름다운 극치와 마주한다. 절경絶景이란 이를 두고 하는 말이다.

파도는 한두 번 밀려오다 마는 줄 알았다.
끝없이 밀려오는 파도
때리고, 때리고, 또 때리고
끝까지 남아서 휘고 뒤틀린 것이 절경이란다.

바다 속 거대한 암초들 몹쓸 눈총만 받더니
솟구쳐 바닷물 빠진 뒤

기다리고, 기다리고, 또 기다리고
나무가 자라나 운무가 슬쩍 걸치니 절경 중 절경이란다.

—「절경」 전문

이번 시집을 관통하는 허문태 시인의 미학을 엿볼 수 있는 시편이다. 태곳적 쉼 없이 밀려오는 파도의 역동성을 온전히 받아들인 것 자체야말로 빼어난 아름다움을 절로 보인다. 그런데 그 아름다움은 "휘고 뒤틀린 것"이며, "운무가 슬쩍 걸치"는 데서 생성된다. "때리고, 때리고, 또 때리고"란 무한영겁의 반복의 시간 속에서 우주의 조탁된 아름다움이 빼어난 아름다움을 간직할 수 있는 것은 "기다리고, 기다리고, 또 기다리고"처럼 영원한 우주의 기다림의 윤리가 보증되어야 한다. 얼마나 변화무쌍한 생의 순간들이 파도로 밀려와 그 변화무쌍함을 "바다 속 거대한 암초들"의 형상으로 남겼을까. 그 형상들을 남기기 위해 암초는 얼마나 극심한 고통을 참아야 했을까.

다시, 이 글이 앞으로 돌아가 보자. 우리는 허문태 시인의 '고목'과 '대평원'으로 조율되는 시세계를 대하면서 깊이를 동반하는 어둠을 응시하고, 신생을 기다리는 어둠을 껴안는 시적 행위를 음미해보았다. 이러한 허문태의 시작詩作이 시적 주체뿐만 아니라 타자를 함께 치유하는 것이면서 자연스레 허문태의 미의식을 생성하고 있다. 무엇보다 일상 속으로 파고든 성스러운 시적 성찰이야말로 허문태 시세계의

매혹을 드러낸다. 따라서 우리는 그의 시에서 타전되는 시적 전언과 시적 성찰을 삶의 구체적 실감으로 포착하는 데 낯설지 않다. 그래서일까. "버스 정류장에서 붕어빵 굽는 여자"가 머금은 "알 수 없는 미소"에 수반되는 숱한 이유들을 헤아릴 수 있다.

> 정 주면 설익고 모질면 까맣게 타버리는 마음이라도 보았다는 걸까. 불판 속에서 바삭한 빛깔로 익은 붕어빵이나 뜨겁게 견딘 하루의 빛깔이 같다는 것을 알았다는 걸까. 버스를 타고 내리를 사람들. 남편도 저렇게 왔다 저렇게 갔다는 것을 인정한다는 걸까. 살아 펄펄 뛰는 붕어와 뜨겁게 막 구워낸 붕어빵은 함부로 잡을 수 없다는 것을 알았다는 걸까. 길 건너 아파트 불빛보다 그 뜰에 피는 목련이 왜 더 따듯한지를 깨달았다는 걸까.
>
> —「목련의 미소」 부분

그렇다. 붕어빵 굽는 여자는, 말하자면 시를 쓰는 시인이고, 허문태 시인의 시작詩作은 붕어빵을 굽는 것과 다를 바 없고, 우리는 허문태가 발견하는 시적 진실의 감동에 충분히 감동할 준비가 필요하다.